ÉLOGE

DE

M. ÉDOUARD-PIERRE-MARIE CHASSAIGNAC

MEMBRE FONDATEUR, ANCIEN PRÉSIDENT DE LA SOCIÉTÉ DE CHIRURGIE
CHIRURGIEN DES HOPITAUX
PROFESSEUR AGRÉGÉ DE LA FACULTÉ DE MÉDECINE, MEMBRE DE L'ACADÉMIE
DE MÉDECINE, CHEVALIER DE LA LÉGION D'HONNEUR

Prononcé à la Société de chirurgie

PAR

M. LE Dr HORTELOUP

SECRÉTAIRE GÉNÉRAL

PARIS,
G. MASSON, ÉDITEUR
LIBRAIRE DE L'ACADÉMIE DE MÉDECINE
BOULEVARD SAINT-GERMAIN, EN FACE DE L'ÉCOLE DE MÉDECINE

1882

ÉLOGE

DE

M. ÉDOUARD-PIERRE-MARIE CHASSAIGNAC

Paris. — Société d'imprimerie PAUL DUPONT (Cl.) 106.2.82.

ÉLOGE

DE

M. ÉDOUARD-PIERRE-MARIE CHASSAIGNAC

MEMBRE FONDATEUR, ANCIEN PRÉSIDENT DE LA SOCIÉTÉ DE CHIRURGIE
CHIRURGIEN DES HOPITAUX
PROFESSEUR AGRÉGÉ DE LA FACULTÉ DE MÉDECINE, MEMBRE DE L'ACADÉMIE
DE MÉDECINE, CHEVALIER DE LA LÉGION D'HONNEUR

Prononcé à la Société de chirurgie

PAR

M. LE D' HORTELOUP

SECRÉTAIRE GÉNÉRAL

PARIS

G. MASSON, ÉDITEUR

LIBRAIRE DE L'ACADÉMIE DE MÉDECINE

BOULEVARD SAINT-GERMAIN, EN FACE DE L'ÉCOLE DE MÉDECINE

1882

ÉLOGE

DE

M. ÉDOUARD-PIERRE-MARIE CHASSAIGNAC

Messieurs,

Lorsque, tournant le regard vers le passé, le chirurgien se reporte au commencement de ce siècle, il lui est difficile de se défendre d'un sentiment de fierté en passant rapidement en revue le nombre considérable de découvertes dont notre art s'est enrichi et, semblable au voyageur qui vient de gravir une de ces gigantesques pyramides que des rois orgueilleux, aux dépens de milliers d'existences inconnues, ont léguées à notre admiration, il éprouve une poignante émotion lorsqu'il songe à la somme d'efforts dépensés pour obtenir de tels résultats.

Mais, plus reconnaissante que les Pharaons, la Science conserve religieusement le nom des hommes qui travaillent à l'édification de ses monuments; aussi les fondateurs de la Société de chirurgie ont-ils voulu que, dans nos séances annuelles, pour honorer ceux qui ne sont plus, un des vôtres vous rappelât la part qu'ils ont prise aux progrès accomplis.

Parmi ces grandes découvertes, je crois qu'un des plus beaux titres de gloire de la chirurgie du XIXe siècle sera sans contredit l'histoire de l'infection purulente. En comparant ce que l'on enseignait alors et ce que nous savons actuellement, nous pouvons mesurer la grandeur de l'espace parcouru.

Avec quel étonnement lirait-on « que la suppression de la suppuration est plutôt une suspension de la marche de la plaie qu'un accident dont on doit craindre les suites fâcheuses ; que les abcès

internes qui sont sans doute la cause de la mort du malade, doivent être aussi la cause de la suppression de la suppuration et que
c'est la cause qu'on a prise pour l'effet [1]. »

Quel accueil ferait-on à cette explication des abcès du foie sur-
venant à la suite des plaies de tête : « Les encéphalites produi-
sent toujours de la gastro-entérite qui produit quelquefois une
véritable hépatite [2]. »

Que penserait-on d'un chef de service « qui, en présence de
collections purulentes, trouvées chez des opérés enlevés par
l'infection purulente, les présenterait comme des masses tu-
berculeuses préexistantes et ramollies, permettant de se consoler
de la perte des malades qui n'étaient après tout que de pauvres
phtisiques, dont le terme fatal avait été avancé de quelques
jours [3]. »

Les opinions dont je viens de réveiller le souvenir, n'étaient qu'un
écho des doctrines médicales que les Cullen, les Brown, les Ra-
sori, les Broussais cherchaient à faire triompher.

Armés des découvertes que la méthode expérimentale, inaugurée
par Harvey, fournissait contre le roman hypothétique de l'humorisme
ancien, ces hommes éminents voulaient établir l'importance prépondérante de l'altération des solides. Mais cette doctrine du so-
lidisme, dont le règne était indispensable, ne pouvait avoir qu'une
durée éphémère ; la physiologie, basée sur l'expérience et sur l'ob-
servation, allait montrer la voie dans laquelle médecine et chirurgie
devaient s'engager pour trouver la vérité.

La thérapeutique de l'infection purulente devait bénéficier de
merveilleuses recherches, et, sans être taxé d'exagération, on peut
espérer que la génération nouvelle ne connaîtra plus que de nom
cette triste complication des plaies.

L'histoire impartiale dira la part qui revient à chacun dans
ce beau succès, mais je crois, Messieurs, que nous pouvons être
certains que le rôle de la chirurgie française aura été considérable,
et, sans vouloir devancer le jugement de la postérité, on peut
affirmer que, parmi les noms qui brilleront au premier rang, on

[1] Boyer.
[2] Broussais.
[3] Denonvilliers. *Éloge de Blandin.*

trouvera celui de M. Chassaignac, l'inventeur de l'*écrasement linéaire*, l'ingénieux créateur du *drainage chirurgical*.

Ce fut à votre tribune que, le 28 août 1850, M. Chassaignac, sous le nom de ligature métallique articulée, fit connaître l'écrasement linéaire, qui était une véritable révolution. Sauf l'arrachement, qui n'a jamais pu être considéré que comme un procédé de circonstance, l'exérèse rapide ne connaissait que l'instrument tranchant.

Faire tomber une tumeur en une seule séance, la détacher toute vivante en évitant l'écoulement du sang, tel fut le problème que voulut et que sut résoudre M. Chassaignac avec son écraseur linéaire, qu'il vous présenta quelques années plus tard.

Quel est le chirurgien qui n'a pas examiné avec intérêt cet instrument intelligent ? Quoi de plus simple et cependant de plus puissant ? Une chaîne à maillons d'acier entoure exactement le pédicule de la tumeur qu'on veut enlever. Les extrémités de cette chaîne s'engagent dans un solide étui métallique, et un levier à double crémaillère fait rentrer alternativement chacune de ses extrémités avec un mouvement de va-et-vient réunissant à l'action de l'écrasement celle de la scie.

Lentement, le chirurgien augmente graduellement la constriction ; un bruit sec annonce, d'abord toutes les demi-minutes, puis toutes les minutes, un nouveau progrès ; enfin la chaîne joue librement dans l'étui, la section est achevée.

Que vient-il de se passer ? Est-ce une plaie béante dont il va falloir rapprocher les bords ? Va-t-il être nécessaire de poser des ligatures ? Non, rien de tout cela. Les tissus sectionnés sont tassés, comme feutrés ; la section forme une couche exsangue qui constitue sur les tissus subjacents une sorte de pansement par occlusion. Sur cette couche, enveloppe protectrice, vont naître des bourgeons charnus et va se constituer la cicatrice. Les vaisseaux sont oblitérés ; les artères par un mécanisme semblable à celui de la torsion, les veines par une adhésion intime des parois.

Peut-on comparer l'écrasement linéaire à d'autres méthodes ? N'est-ce qu'une modification des serre-nœuds précédemment connus ? N'est-ce que la ligature en masse ? Il me semble presque puéril de répondre aujourd'hui à de semblables questions. Une fois le lien

constricteur appliqué sur le pédicule, combien grande est la diffé-
rence entre le mode d'action de ces méthodes! Dans l'une, l'inflammation est indispensable pour obtenir la section; dans l'autre,
le traumatisme de la chaîne agit exclusivement. L'une demande
plusieurs séances, l'autre une seule. Enfin, l'une est inapplicable
sur le cadavre, l'autre détruit également tissus vivants et tissus
morts.

La méthode, l'instrument même, n'ont pu être modifiés, et
comme Broca l'a écrit, avec son grand sens critique : « L'écrasement linéaire appartient à M. Chassaignac. Il n'avait été précédé
par personne ; il l'a seul créé, vulgarisé, conduit à maturité. Tout
ce qu'on a essayé de faire après lui pour modifier sa méthode, n'a
conduit qu'à une détérioration et non pas à un perfectionne
ment [1]. »

Je ne doute pas que semblable jugement ne puisse être porté
sur le drainage chirurgical.

Sous ce nom emprunté à la langue anglaise, M. Chassaignac a
préconisé, ainsi qu'il le disait avec un juste orgueil, le plus vaste
système de canalisation qui ait jamais été appliqué aux affections
purulentes de l'homme.

Pour y parvenir, il propose de traverser de haut en bas les collections avec des tubes en caoutchouc vulcanisé percés de
trous. Au début de ses recherches il faisait, avec le bistouri, les
ouvertures nécessaires à l'introduction des tubes, mais toujours
guidé par cette idée qu'il poursuivra toute sa vie : éviter les ouvertures des vaisseaux, il inventa un long trocart qui lui servait à
faire la ponction, la contre-ponction et à diriger son tube.

L'idée de donner au pus un facile écoulement n'était pas nouvelle ; Guy de Chauliac disait qu'il fallait mettre des tentes et des
mèches « aux playes que nous voulons eslargir, nettoyer ou en
retirer quelque chose du fond, comme sont playes profondes qui
ont besoin de contre-ouvertures, à cause de la liqueur ou liquide
excrément qui s'amasse au fond et en ces espaces. » On peut
aussi se servir, dit-il, « d'une canule d'étain ou d'argent pertuisée
afin que l'ordure en sorte d'elle-même et ne soit enclose ».

[1] *Traité des tumeurs.*

Je ne sais si du temps de Guy de Chauliac on obtenait toujours le résultat demandé, mais qui ne se rappelle les flots de pus s'échappant d'une plaie où l'on avait placé, avec grand soin, des mèches, des tentes ou même des canules élastiques souvent difficilement supportées. Tout cela est à jamais oublié et remplacé par ces tubes auxquels leur souplesse, leur innocuité donnent de tels avantages qu'ils ont élevé ce moyen si simple à la hauteur d'une méthode [1].

M. Chassaignac mit huit ans pour compléter ses recherches; enfin, en 1859, dans un ouvrage intitulé : *Traité pratique de la suppuration et du drainage*, il exposa magistralement l'emploi de sa méthode dans toutes les affections purulentes.

L'écraseur linéaire, le drainage ont fait connaître M. Chassaignac dans le monde entier, mais où aura-t-il jamais été plus apprécié qu'à la Société de chirurgie dont il fut un des membres fondateurs et un des dignitaires ?

Pour rendre aujourd'hui un dernier hommage à notre ancien président, il suffit de raconter la vie modeste, tranquille de cet homme de talent qui n'eut qu'une passion, le travail.

M. Édouard-Pierre-Marie Chassaignac est né à Nantes le 24 décembre 1804.

Son père, d'origine française, avait longtemps vécu à la Martinique où, dans une épidémie de fièvre jaune, il perdit une première femme et plusieurs enfants. A la suite de ce malheur, il vint s'établir à Cuba, où il épousa une jeune créole de Saint-Domingue qui venait d'échapper avec sa mère à une révolte de nègres dans laquelle son père avait trouvé la mort.

Peu de temps après son second mariage, il rentrait en France, s'établissait à Nantes où se passa toute la jeunesse de son fils.

On se serait peu douté, m'a-t-on dit, du travailleur infatigable que devait être M. Chassaignac, en voyant ce jeune garçon indiscipliné, ne voulant rien apprendre; mais un triste événement devait transformer cette nature impressionnable. M. Chassaignac perdit sa mère, il avait onze ans. Ce fut pour lui un coup violent.

[1] ROCHARD.

Il comprit la perte irréparable qu'il venait de faire et, subitement transformé, il devint un des élèves les plus brillants du collège de Nantes.

Les couronnes qu'il obtenait au collège n'étaient que le prélude des succès plus sérieux qu'il devait remporter dans ses études médicales.

Lauréat de l'École de médecine, premier interne de l'Hôtel-Dieu, M. Chassaignac désirait vivement conquérir le titre d'interne des hôpitaux de Paris, mais cette légitime ambition ne devait pas se réaliser. Pendant le concours paraissait un règlement limitant l'âge d'admission, il ne fallait pas avoir vingt-cinq ans au premier janvier et, pour huit jours, il ne put être nommé.

M. Chassaignac savait quelle était l'importance de ces quatre années qui ont, sur toute notre carrière médicale, une si utile influence; aussi son regret fut-il grand! On peut en retrouver un lointain souvenir, lorsqu'en tête d'un de ses ouvrages, il parle « de ce corps d'élite auquel se rattachent tant d'espérances et de sympathies, dans lequel on trouve d'utiles et honorables collaborateurs qui concilient toujours le dévouement avec l'indépendance. »

En quittant Nantes, M. Chassaignac avait reçu de son père une petite somme d'argent lui revenant de sa mère, il savait qu'il ne pouvait plus rien attendre ; aussi en voyant lui échapper cette position d'interne sur laquelle il comptait pour lui venir en aide, n'eut-il plus qu'un désir : passer rapidement ses examens et retourner à Nantes où l'honorabilité de son père, les bons souvenirs que lui-même y avait laissés, pouvaient lui permettre de se créer rapidement une situation.

Mais un homme, dont la mémoire est restée profondément gravée dans le cœur de tous ceux qui l'ont connu, Alphonse Robert, l'avait distingué parmi les élèves qui suivaient ses cours de médecine opératoire; il le détourna de son projet et l'engagea à tenter le concours de la Faculté de médecine. Le conseil était bon, le résultat ne se fit pas attendre, car, peu de temps après, M. Chassaignac était nommé aide d'anatomie.

Cette nomination lui ouvrait les portes de l'École Pratique, où, sous l'influence de Robert, bientôt suivi par Lenoir, Michon, se formait cette brillante école qui, en contrebalançant l'influence prépondérante de l'école trop mécanique de Lisfranc, allait créer la médecine opératoire, et peupler la France, l'Europe entière, de chirurgiens, non seulement adroits, mais sachant discuter les indications opératoires et choisir entre les procédés et les méthodes.

M. Chassaignac n'était pas homme à rester en arrière et, en ouvrant des cours d'anatomie, de médecine opératoire qui attiraient de nombreux élèves, il n'a pas peu contribué à l'éclat de cet enseignement libre auquel, peut-être par un pressentiment, l'éminent doyen de la Faculté adressait, il y a quelques années, un dernier salut : « Notre école française, naguère sans rivale, écrivait-il, souffre d'un mal profond. L'enseignement libre autrefois si florissant, source généreuse à laquelle tant de générations d'élèves ont puisé les premières leçons, précieux auxiliaire plein d'activité et de jeunesse, stimulant salutaire de la science officielle, dont il était la force, le mouvement, la vie, l'enseignement libre se meurt [1]. »

Cette crainte est aujourd'hui réalisée; étouffé, étranglé ou mort de sa belle mort, je ne veux pas le rechercher, l'enseignement libre n'existe plus. Est-ce un bien ? Est-ce un mal ? Était-il nécessaire de resserrer dans une seule main des forces éparses, de donner une impulsion unique ? L'avenir le dira. Mais lorsque, dans une épreuve de concours, on voit presque tous les candidats répéter scrupuleusement le procédé du maître, on peut se demander si, au lieu d'avancer, nous ne retournons pas de cinquante années en arrière.

Ce premier succès que venait de remporter M. Chassaignac avait décidé de son avenir; il restera à Paris et, pendant vingt ans, toujours sur la brèche, on le verra affronter tous les concours.

Prosecteur de la Faculté en 1833, agrégé dans les sciences accessoires en 1835, il était nommé chirurgien des hôpitaux le 28 août 1840.

Pendant toute cette première période de 1830 à 1840, M. Chassaignac s'occupe presque exclusivement de recherches anatomiques. Il collabore au traité d'anatomie de M. Cruveilhier; il traduit la névrologie de Swann, il publie des recherches sur la distribution des nerfs dans les muscles, sur le cœur, les artères, les veines, sur

[1] BECLARD.

la solidité des os, sur leur mode de résistance aux violences extérieures.

L'anatomie aura toujours pour lui un grand attrait, et plus tard il décrira la bourse séreuse sous-mammaire, le tubercule carotidien, le dédoublement des synoviales, mais sa nomination de chirurgien des hôpitaux lui livrait une mine épuisable où ses remarquables qualités d'observateur et d'inventeur allaient donner naissance à une œuvre considérable.

Pour bien saisir l'esprit qui a dominé ces travaux remarquables, il est indispensable de faire un retour en arrière et de savoir comment M. Chassaignac avait été amené à étudier la médecine.

Pendant toutes ses études universitaires, les mathématiques avaient toujours eu pour lui un grand attrait, et des prix nombreux, respectueusement conservés, indiquent le succès avec lequel il les cultivait; aussi voulait-il entrer à l'École polytechnique et tous ses maîtres lui affirmaient que là était sa voie.

Un vieil ami de sa famille, le Dr Sue, frère de l'ancien professeur à l'École de santé de Paris, et oncle du célèbre romancier, voyait avec regret cette détermination; il cherchait à entraîner M. Chassaignac vers la médecine et, voulant lui donner une idée de l'intérêt qu'il rencontrerait dans l'étude de cet art, il lui demanda de parcourir un livre qu'il lui remettait. Le Dr Sue connaissait bien son jeune ami; il savait que pour captiver son esprit, il fallait surtout lui présenter des faits positifs indiscutables, aussi lui donnait-il un traité d'anatomie. Quelques jours après, M. Chassaignac rapportait ce livre; les descriptions si exactes, presque géométriques, l'avaient vivement intéressé et, abandonnant le concours de l'École polytechnique, il se décide à étudier la médecine où il apportera cette rectitude de jugement, cette précision qu'exigent les sciences mathématiques, mais qui le rendront peut-être trop esclave du fait, du résultat auquel il donnera souvent une valeur trop absolue.

Loin de mon esprit l'idée de soutenir que les mathémathiques ne soient pas une excellente préparation pour aborder les études médicales; je trouverais, près de cette tribune, dans un de nos sympathiques collègues, un formel démenti, mais, en médecine, en chirurgie, on ne peut donner même à un fait bien observé, à une opération bien combinée l'importance de la résolution d'une équation. Réunir deux, dix, cent faits ne conduit à rien si on ne met pas en évidence les points particuliers, si on ne cherche pas à aller au delà du fait brutal. Rappelez-vous ce que disait, dans un discours resté célèbre, notre grand clinicien Trousseau. « Vous n'êtes pas à la remorque des faits, vous les tenez dans votre main enchaînés et sommés de vous répondre ; ils ne vous imposeront pas une idée, mais vous leur demanderez la vérification de vos idées ; esclaves soumis de l'intelligence, ils doivent obéir. » « Dès que vous aurez un fait, ajoutait-il, appliquez-y tout ce que vous possédez d'intelligence, cherchez-y les côtés saillants, voyez ce qui est en lumière, laissez-vous aller aux hypothèses, courez au-devant, s'il le faut. »

Quoi de plus éminemment clinique que cette façon d'interpréter la valeur des faits ? Où en serait cette question, qui se présente chaque jour devant le chirurgien, l'influence de l'état général sur le pronostic des traumatismes, si, partant de quelques faits bien observés, un esprit des plus fins, que je n'ai pas à louer devant vous, avait reculé devant une hypothèse que l'avenir devait rapidement transformer en proposition indiscutable.

Mais dans les sciences exactes, il n'en est plus de même, et pour lier ensemble des phénomènes qui semblent disparates en déterminant leurs rapports mutuels, il faut s'appuyer, comme l'a dit Laplace, non sur des considérations vagues et conjecturales, mais sur de rigoureux calculs.

On raconte que ce grand géomètre venant de publier le premier volume de sa *Mécanique Céleste*, et l'ayant adressé aux membres de l'Académie des Sciences, fut abordé, à une des séances suivantes, par son illustre collègue, le général Bonaparte : J'ai lu avec grand intérêt, lui dit-il, votre beau travail, mais quelque chose m'a étonné, vous ne parlez pas de Dieu. — Je n'ai point eu, répondit Laplace, à m'occuper de cette hypothèse.

Cette réponse, dont on a voulu bien à tort tirer une preuve d'athéisme, n'était qu'une parole de savant n'admettant pas que, dans une discussion de chiffres, on fît intervenir un élément que l'on ne peut évaluer.

Malheureusement dans ce grand problème de la vie dont la solution se présente chaque jour au chirurgien, il y a bien des éléments qui ne peuvent être évalués ; et si vous voulez me permettre une comparaison qui rentre dans le même ordre de raisonnements, la solution dépend non seulement de l'intelligente manière de disposer les chiffres, mais encore de la main qui les trace et du tableau sur lequel on les inscrit.

M. Chassaignac, avec la tournure d'esprit que lui donnèrent ses premières études, n'aima ni les théories ni les hypothèses, il ne put jamais accepter les incertitudes des recherches du laboratoire. Il protesta toujours contre la prétention de donner le pas aux expériences sur les recherches cliniques et, terminant un discours qu'il prononça à l'Académie, il affirmait ses convictions en disant : « Tant que les systèmes en médecine ne se combattent que sur des terrains de vérités subjectives ou personnelles, ils peuvent se discuter ; mais quand, s'adressant à des choses, où tout homme de bon sens peut compter et mesurer, ils s'attaquent à des vérités géométriques, ils ne s'en relèvent pas. »

Toute l'œuvre de M. Chassaignac se ressent forcément de cette tendance trop analytique qui l'a souvent arrêté dans la voie de déductions d'un ordre élevé et qui, contradiction curieuse, ne l'a pas préservé de fâcheuses exagérations. Le drainage donne de bons résultats dans les vastes foyers purulents, pourquoi ne pas l'employer dans toute collection qu'il faut évacuer ? l'écraseur est admirable pour l'ablation des tumeurs pédiculées, pourquoi ne pas y recourir pour toutes tumeurs où l'on pourra, même artificiellement, obtenir un pédicule ?

Lorsque M. Chassaignac fit connaître son procédé d'écrasement linéaire, on fut tout d'abord étonné, on trouva cette chirurgie un peu excentrique, on alla même jusqu'à prononcer l'épithète barbare; on se refusa à croire aux avantages que son inventeur lui assignait, on cita des opérations dans lesquelles la chaîne s'était brisée et qu'il avait fallu terminer avec le bistouri, d'autres dans lesquelles il y avait eu des hémorragies, d'autres où l'infection purulente avait entraîné la mort. Mais cette méthode avait trop de réels avantages pour ne pas triompher de ces critiques, et, si on n'a pas suivi M. Chassaignac sur le trop vaste champ où son enthousiasme l'entraînait, aujourd'hui l'opinion est faite, l'écrasement linéaire a des

indications positives et ne disparaîtra pas de l'arsenal chirurgical.

En même temps qu'il continuait ses recherches sur l'écraseur,
M. Chassaignac préparait trois mémoires d'une importance capi.
tale. A quelques semaines de distance, l'Académie des sciences en-
tendait la description de l'*ostéo-myélite*, la Société de chirurgie,
celle des *abcès sous-périostiques aigus ;* l'année suivante, c'est à
l'Académie de médecine qu'il lira ses recherches sur le *phlegmon
diffus*.

De ces trois redoutables affections, que M. Chassaignac désignera
sous le nom expressif de *typhus des membres*, les deux premières, l'ostéo-myélite et l'abcès sous-périostique, étaient tout à
fait inconnues.

Sauf la description que Gerdy avait faite de l'ostéite d'origine traumatique, on ne soupçonnait nullement cette inflammation spontanée
de toute la masse osseuse.

On accueillit avec empressement la description de ces deux affections inflammatoires des os : l'une superficielle, susceptible de
guérir avec des incisions, des lavages, l'autre toujours mortelle si
on ne porte pas le couteau dans l'articulation supérieure.

En assignant à la suppuration deux sièges, deux points de dé-
part, M. Chassaignac s'était laissé guider par des résultats cliniques qui ne légitimaient peut-être pas cette division ; et d'impor-
tants travaux que vous avez tous présents à l'esprit, Messieurs,
paraissent devoir la reviser.

Mais ils n'ont pas changé l'histoire de l'ostéo-myélite avec son
début insidieux , son gonflement particulier en forme de bourrelet,
son pus huileux , ses douleurs atroces, comparables à celles des
fractures, sa marche effroyablement rapide, envahissant l'épiphyse,
perforant les cartilages, développant une arthrite purulente et se
propageant à l'os voisin ; ceci n'a pas été ébranlé et le tableau tracé
par M. Chassaignac restera comme un modèle de vérité et d'exactitude.

Ses recherches sur le phlegmon diffus étaient forcément moins
originales, mais elles sont bien curieuses à lire, car jamais M.Chas-
saignac n'a déployé à un plus haut degré ses qualités d'analyste.

Pour bien étudier le phlegmon diffus, il faut, dit-il, faire l'anatomie pathologique sur le vivant. Un bistouri d'une main, une

éponge de l'autre, il étudie millimètre par millimètre les lésions des tissus qu'il incise. Grâce à ce procédé expérimental, il élimine l'érysipèle phlegmoneux, le phlegmon par diffusion et il assigne quatre formes particulières au phlegmon diffus, qu'il considère comme une maladie *sui generis*, dont la caractéristique est d'attaquer d'emblée et simultanément, dans une certaine étendue, telle ou telle couche du membre.

Tous ces beaux travaux devaient trouver place dans son grand *Traité de la suppuration et du drainage.* Ces deux compacts volumes sont certainement l'ouvrage le plus complet qui ait été publié sur ce sujet.

On y trouve l'histoire détaillée de toutes les affections qui s'accompagnent de suppuration, car pour M. Chassaignac, le pus de quelque nature qu'il soit, dans quelques tissus qu'on le trouve est toujours le résultat d'un même processus, l'inflammation ; et les dérogations apparentes à cette loi, dit-il, ne sont autre chose que des cas où nous n'avons pas su discerner la présence de l'inflammation.

Les phénomènes qui accompagnent la formation de la suppuration sont, pour lui, une insurrection vitale, un résultat du principe de défense. C'est la révolte de l'économie qui réagit contre la formation de cette sécrétion morbide et, dès qu'une goutte de pus est formée, c'est une goutte d'acide jetée dans un parenchyme. Une mauvaise constitution, les violences extérieures, le contact de l'air altèrent les produits des sécrétions traumatiques ; la présence du pus facilite le développement de la suppuration, et, dès que le pus est formé, il faut que l'économie le rejette au dehors.

Partant de ces idées, on comprend avec quelle conviction, avec quel enthousiasme, je dirai même avec quelle passion M. Chassaignac soutint le pansement par occlusion et le drainage chirurgical qui assurent l'immobilité, mettent les plaies à l'abri du contact de l'air et du pus, rapprochent les parois des foyers et empêchent l'insuffisance d'émission du pus et la rétention purulente.

Ce volumineux traité du drainage n'est pas un livre destiné à l'étudiant; c'est le livre du chirurgien qui sait et qui peut discuter. On peut ne pas accepter toutes les idées, tous les préceptes qui se rencontrent à chaque page, mais c'est un livre que l'on consultera avec fruit.

En le publiant, en faisant connaître le résultat de ses nombreuses expériences cliniques, M. Chassaignac a établi incontestablement les avantages du drainage et l'avenir ne manquera pas de confirmer le jugement impartial qu'en a porté l'éminent historien de la chirurgie du XIXᵉ siècle : « De tous les services que M. Chassaignac a rendus à la thérapeutique chirurgicale, c'est celui qui nous paraît mériter le premier rang. »

C'est en 1853, dans le mémoire sur les abcès sous-périostiques que l'on trouve indiqué, pour la première fois, l'emploi des tubes en Y et des sétons perforés sous le nom de canalisation permanente. D'une application restreinte d'abord, ce ne fut que plus tard que M. Chassaignac, dans son service de Lariboisière, étendit et vulgarisa sa méthode.

Lorsque M. Chassaignac entra à l'hôpital de Lariboisière, il y avait deux ans qu'un décret avait aboli le concours pour le professorat.

Lutteur infatigable, M. Chassaignac, depuis sa nomination à l'agrégation, avait pris part à tous les concours ouverts à la Faculté : pour la chaire d'anatomie en 1836 et 1846, pour les chaires de clinique, de médecine opératoire, que les morts de Samson, de Bérard, de Blandin avaient laissées vacantes.

Sa parole chaude, son langage expressif, ses qualités d'exposition, sa grande érudition, sa connaissance de la littérature étrangère dont il avait donné des preuves en traduisant A. Cooper, l'avaient désigné, dès les premiers concours, comme un futur vainqueur, mais peu à peu ses chances diminuèrent.

Son invention de l'écrasement linéaire lui avait été presque nuisible ; on n'en comprit pas de suite la portée et on crut bien à tort à un intérêt personnel. Sa pratique que l'on connaissait mal avait un renom de trop grande hardiesse, presque de violence ; on parlait d'opérations insolites, bizarres. En 1848, des idées d'un libéralisme un peu naïf lui avaient fait prendre part à une campagne contre le cumul des places, utopie généreuse qui le fit considérer comme un révolutionnaire. Son caractère ardent, tout, enfin, avait contribué à lui donner la réputation d'un homme exalté, à tempérament inégal, d'un chirurgien téméraire, aventureux, qui effarouchait les sympathies et, lorsque le concours fut aboli, on put croire que ce mode de nomination ne lui eût pas ouvert les portes de la Faculté.

M. Chassaignac se rendait très bien compte de cette impression; aussi abandonna-t-il toute tentative de candidature, et donna-t-il toute son activité à son service hospitalier qu'il aimait passionnément.

D'une exactitude ponctuelle, M. Chassaignac ne prenait jamais de congé et, tous les jours à huit heures et demie, il faisait son entrée dans ses salles, portant à la main des boîtes remplies d'instruments nouveaux que les poches de son vêtement ne pouvaient contenir.

La visite commençait ; derrière les élèves tous munis de tubes à drainage, venait un infirmier portant sur un plateau, à côté d'une solution de nitrate d'argent, une pelote de pinceaux faits avec de la ouate. Toute surface de plaie, tout foyer purulent étaient touchés avec cette solution ; pour M. Chassaignac, c'était un préservatif, un modificateur des plaies, un antiputride.

Il voyait avec soin tous ses malades, il appliquait ou faisait appliquer devant lui sa cuirasse avec les bandelettes de sparadrap que l'on désigne sous le nom de pansement de Chassaignac. « Votre pansement n'est pas nouveau ; sauf le mot de cuirasse, on en trouve la description dans l'article de Samson », lui objectait Lenoir en argumentant sa thèse sur les fractures compliquées où il exposait ce pansement par occlusion ; M. Chassaignac n'a jamais eu la prétention de l'avoir inventé, mais par le développement qu'il lui a donné, par le nombre d'observations qu'il a publiées sur son emploi, il a certainement contribué, en le faisant accepter dans la pratique, à montrer tous les avantages de l'occlusion.

M. Chassaignac restait tard à l'hôpital, surtout les jours de consultations qu'il tenait à faire complètes. Il avait pour certaines affections des traitements expéditifs un peu extraordinaires, dont il aurait difficilement expliqué le mode d'action; ses élèves se souviennent d'un certain suspensoir de velours dont le nom harmonieux répondait mal aux sensations que développait son application.

Les opérations se faisaient à jours déterminés et M. Chassaignac aimait à réunir, pour l'emploi de son écraseur, des opérations analogues ; trois, quatre malades subissaient, le même jour, l'ablation de la langue. Le chef de service, les internes tenaient chacun un écraseur que l'on manœuvrait presque au commandement.

L'amygdalotomie avait une mise en scène particulière ; dans des leçons cliniques faites sur l'hypertrophie des amygdales, M. Chassaignac a longuement insisté sur les troubles profonds que cette affection, en diminuant la prise d'air nécessaire, peut amener dans l'organisme ; aussi conseille-t-il toujours l'énucléation.

L'instrument qu'il avait adopté était, sauf une légère modification, celui de Fahnestock. Sachant la résistance qu'opposent les malades lorsqu'il faut procéder à l'ablation de la seconde amygdale, M. Chassaignac commençait par saisir chaque amygdale dans un instrument qu'il fixait avec la fourche, puis il pratiquait coup sur coup les deux sections, c'est ce qu'il nommait l'ablation simultanée. Il faisait venir cinq ou six malades atteints d'hypertrophie des amygdales, les plaçait les uns à côté des autres, dans la position qu'il a conseillée, assis sur les talons, les genoux appuyés sur un matelas, la tête renversée en arrière et soutenue par un aide ; il saisissait toutes les amygdales, puis, revenant sur ses pas, il les sectionnait en quelques minutes ; rien n'était plus curieux, plus original et, ajoutons, rien n'était plus habilement fait que cette énucléation en masse.

Lorsque M. Chassaignac était dans son service, il se surexcitait comme un artiste, ou plutôt il arrivait à l'ivresse du soldat devant l'ennemi. Une fois le bistouri à la main, il ne voyait plus qu'une chose, son opération ; rien ne l'arrêtait, cris, sang, douleurs, tout disparaissait devant le but à atteindre.

Tous les lundis, M. Chassaignac faisait des leçons de médecine opératoire ; en même temps qu'il faisait répéter à ses internes toutes les opérations, il complétait les matériaux nécessaires pour l'achèvement de son traité de médecine opératoire et de thérapeutique chirurgicale.

C'est à vous, Messieurs, qu'il dédia cet ouvrage : « Dans vos discussions qui portent toujours sur des faits dont vous bannissez avec soin toute vaine phraséologie, j'ai puisé, écrivait-il en tête du volume, d'utiles enseignements dont j'ai tiré parti dans cet ouvrage et dont je vous rapporte tout l'honneur. »

Cette dédicace montre un des beaux côtés du caractère de M. Chassaignac, son amour de la vérité, sa parfaite loyauté. C'était au milieu de vous qu'il aimait à faire connaître ses procédés nouveaux, ses récentes inventions; plusieurs soulevèrent des discussions passionnées; les *résections partielles*, la *réunion des parois des abcès chauds*, le nouveau procédé de *résections, à incision unique* furent sévèrement jugés, mais M. Chassaignac ne se déroba jamais à une argumentation, il sut toujours apprécier la critique juste et sérieuse, et, en vous dédiant son livre, il rendait à la Société de chirurgie un hommage qui l'honorait lui-même.

M. Chassaignac employait volontiers le chloroforme qu'il maniait habilement ; c'est lui qui créa le mot de tolérance anesthésique qui désigne si clairement cette période que, sans aucun danger, on peut prolonger aussi longtemps qu'il est nécessaire.

Que nos jeunes confrères relisent avec soin les pages que M. Chassaignac a consacrées à l'administration de ce précieux agent, ils y trouveront d'utiles et pratiques préceptes.

Les 1ᵉʳ janvier 1864, M. Chassaignac, atteint par l'âge de la retraite, quittait l'hôpital Lariboisière. Les dix années qu'il y passa furent la brillante époque de sa pratique chirurgicale; il fit connaître dans le monde entier le nom de ce nouvel hôpital. On venait de loin pour suivre sa visite, le voir opérer et, encore aujourd'hui, pour le désigner, l'appelle-t-on: le chirurgien de Lariboisière.

Les honneurs n'étaient pas venus en foule trouver M. Chassaignac pendant sa carrière active; la décoration de la Légion d'honneur ne lui avait été décernée que bien tard, à 57 ans, mais l'avenir lui réservait une juste compensation.

L'Académie de médecine devait lui ouvrir ses portes en 1868.

Vingt ans auparavant, M. Chassaignac avait posé sa candidature, mais il n'avait pas persisté; peut-être à cause de l'horreur que lui faisait éprouver toute démarche pouvant paraître intéressée? Pendant son séjour à Lariboisière, une princesse de la cour de Russie vint visiter l'hôpital ; elle avait entendu parler de M. Chassaignac, elle désira le voir, elle l'entretint de son écraseur dont elle se fit expliquer le mécanisme et, lorsqu'elle se retira, son médecin engagea M. Chassaignac à demander une audience pour lui présenter son ouvrage sur l'écrasement en lui laissant entendre qu'une distinction honorifique en serait certainement le résultat. M. Chassaignac s'y refusa formellement.

Il n'aurait probablement jamais sollicité l'honneur d'être admis à l'Académie sans une démarche personnelle de son vieux maître, M. Velpeau. Les concours, avec leurs tristes récriminations, avaient refroidi les relations de l'élève et du maître, mais M. Velpeau, avec son grand esprit de justice, connaissait la valeur des travaux de M. Chassaignac.

« Vous devez faire partie de l'Académie, vint-il lui dire. Présentez-vous. Je vous appuierai. »

La savante compagnie, quelques années plus tard, ratifiait la promesse du grand chirurgien, qui n'était plus là malheureusement pour applaudir au succès de son ancien élève.

Lorsque M. Chassaignac fut nommé à l'Académie, une sourde maladie minait lentement sa robuste constitution.

De petite taille, mais gros et fort, la démarche pesante, les épaules rejetées en arrière, M. Chassaignac exprimait la force ; on sentait l'homme bâti pour la lutte. La tête assez volumineuse était recouverte d'une abondante chevelure que les années avaient blanchie sans l'éclaircir. Des yeux noirs très vifs ombragés par d'épais sourcils, une bouche pincée, mais souriant facilement, donnaient à sa physionomie un abord aimable que complétait l'apostrophe paternelle avec laquelle il vous accueillait.

N'ayant pas eu de patrimoine, forcé de se créer une situation qui lui permît de vivre, M. Chassaignac n'avait pensé au mariage que tard. D'une union, pour laquelle le cœur seul avait été consulté, étaient nés un fils et une fille sur lesquels M. Chassaignac avait placé toutes ses espérances.

Il put un moment se regarder comme un des heureux d'ici-bas; une famille adorée, une situation qui ne pouvait que grandir lui offraient un avenir calme et serein, mais hélas ! ce bonheur complet devait être de courte durée.

En quelques jours, sa fille lui fut enlevée par cette affreuse maladie dont l'horreur même a inspiré au poète de touchantes paroles que les mères ne peuvent lire sans frissonner. Vous vous les rappelez :

> Un jour, nous avons tous de ces dates funèbres,
> Le croup, monstre hideux, épervier des ténèbres,
> Sur la blanche maison, brusquement s'abattit.
>
> . . . .
>
> Tel qu'un fruit qui du givre a senti la piqûre,
> L'enfant mourut.
>
> . . . .

M. Chassaignac fut accablé par ce malheur ; quelques mois plus tard, son ami, M. Moissenet, constatait les symptômes du diabète.

Tout rêve de fortune disparut, toute ambition s'éteignit ; quelques jours après cette cruelle séparation, paraissait le décret qui le nommait chevalier de la Légion d'honneur. « Il arrive trop tard », dit-il. Sauf quelques clients amis, M. Chassaignac se retira presque de la pratique civile ; les personnes qui venaient le consulter chez lui, attendaient en vain. Lui si fier de son procédé rapide de trachéotomie éludait les appels de ses confrères.

Les émotions que lui causa sa candidature à l'Académie lui furent très préjudiciables. Lorsqu'il se décida, sur les instances de M. Velpeau, à se présenter, il avait cru sa nomination assurée ; à la première vacance, le scrutin en décida autrement, M. Chassaignac crut voir, dans cet échec, un piège qui lui avait été tendu ; des accidents graves se manifestèrent et, malgré le succès remporté plus tard, il était dans un déplorable état de santé lorsque la guerre éclata.

Il partit pour Nantes où une vie relativement calme enraya les progrès du diabète ; il rentra à Paris, et lorsque sa santé le lui permettait, il venait prendre part à nos travaux.

Toujours occupé des affections osseuses, M. Chassaignac avait l'intention de publier une importante monographie sur les abcès des os ; mais il n'eut pas le temps de l'achever ; les divisions étaient indiquées, plusieurs chapitres presque terminés et en lisant les conclusions publiées dans nos bulletins, on regrette que M. Chassaignac n'ait pu la terminer.

Les grandes et belles discussions sur l'infection purulente, qui occupèrent l'Académie de médecine, le décidèrent à prendre la parole.

Il y défendit les opinions que l'on retrouve dans tous ses ouvrages : l'infection putride et l'infection purulente sont deux maladies entièrement distinctes, un traumatisme récent à vaisseaux ouverts est indispensable pour le développement de l'infection purulente dont n'est à l'abri aucun endroit, quelque salubre qu'il soit.

Il se refusa complètement à admettre la séduisante théorie miasmatique du typhus chirurgical, la large et puissante conception de la septicémie, avec son poison unique ; pour M. Chassaignac, il n'y a qu'un agent à incriminer, le pus et, cependant, comment expliquer, si ce n'est par la formation d'un poison putride, ce qu'il appelait l'empoisonnement traumatique ?

Mais quelle que soit la théorie qui puisse prévaloir, il reste acquis comme vérités incontestables que, pour se préserver de l'infection purulente, il faut chercher des procédés ouvrant peu de portes à l'entrée du poison et des pansements assurant un écoulement facile aux liquides dangereux; que trouver répondant plus nettement à ces deux indications que l'écrasement linéaire et le drainage ?

Pendant l'été de 1879, M. Chassaignac était allé demander aux majestueuses allées de Versailles l'air et le soleil qui lui étaient nécessaires, lorsque subitement, dans la nuit du 25 au 26 août, il fut pris d'accès d'angine de poitrine ; à onze heures du matin, il s'éteignait sans une plainte, sans une seconde de défaillance.

M. Chassaignac a pu voir arriver la mort, je ne dirai pas, sans regrets, car il laissait trop d'afflictions après lui, mais sans crainte ; il savait que son œuvre était impérissable.

M. Chassaignac a été un inventeur, un promoteur ; il a créé des procédés, des méthodes qui ont puissamment contribué à la transformation de la chirurgie.

Tous les serre-nœuds, toutes les anses coupantes ne sont que des dérivés de son écraseur.

Où en seraient les pansements antiseptiques sans le tube à drainage ? Ils n'existeraient pas ; nous pouvons le dire hautement, car justice pleine et entière a été rendue à M. Chassaignac par l'illustre inventeur d'un pansement auquel nous devons tant de succès.

Si M. Chassaignac n'a pas eu de son vivant la grande place que l'histoire lui réserve, la faute en a été à sa trop grande hardiesse. Poussé par l'intuition plutôt que par le travail de la pensée, M. Chassaignac n'a pas toujours su préserver son esprit inventif d'entraînements qui ont nui à ses belles découvertes.

Ces entraînements, inséparables du génie créateur, rappellent ces vivacités de touche des grands maîtres coloristes que le temps, avec son occulte puissance, se charge de fondre insensiblement.

Les générations futures ne verront que les immenses services rendus à l'art chirurgical par M. Chassaignac. Son nom ne périra jamais, car ainsi que l'a dit André Chénier :

> L'esclave imitateur naît et s'évanouit ;
> . . . .
> Ce n'est qu'aux inventeurs que la vie est promise.